Le saumon

Texte de Deborah Hodge

Illustrations de Nancy Gray Ogle

Texte français du Groupe Syntagme inc.

J'EXPLORE

LA FAUNE

Les éditions Scholastic

Pour Alexandra, la petite dernière de la famille, avec amour – D.H.

Pour ma mère, Lois – N.G.O.

Pour ses conseils et la révision de mon manuscrit, je remercie Robert Devlin, chef du programme de biologie moléculaire, Pêches et Océans Canada, Vancouver (Colombie-Britannique). Je remercie aussi Richard Beamish, scientifique principal, Station biologique du Pacifique, Nanaimo (Colombie-Britannique); Kim Fulton (Dr Poisson), membre de la direction de l'école primaire Armstrong (Colombie-Britannique); Peter G. Amiro, biologiste spécialiste du saumon de l'Atlantique, Institut océanographique de Bedford, Pêches et Océans Canada, Halifax (Nouvelle-Écosse); Esther Amiro, bibliothécaire, école primaire John W. MacLeod, Halifax (Nouvelle-Écosse) et Art McKay, Fédération du saumon Atlantique, Bocabec (Nouveau-Brunswick).

Merci également à Robert Devlin (doctor), Drew Devlin, membre du personnel enseignant à l'école primaire Parkcrest, et Jennifer Stone, artiste technologique, tous de Vancouver (Colombie-Britannique), pour avoir révisé les illustrations.

Copyright © Deborah Hodge, 2002, pour le texte.
Copyright © Nancy Gray Ogle, 2002, pour les illustrations.
Copyright © Les éditions Scholastic, 2002, pour le texte français.
Tous droits réservés.

Il est interdit de reproduire, d'enregistrer ou de diffuser en tout ou en partie le présent ouvrage, par quelque procédé que ce soit, électronique, mécanique, photographique, sonore, magnétique ou autre, sans avoir obtenu au préalable l'autorisation écrite de l'éditeur. Pour la photocopie ou autre moyen de reprographie, on doit obtenir un permis en s'adressant à CANCOPY (Canadian Licensing Agency), 1 Yonge Street, Suite 1900, Toronto (Ontario) M5E 1E5.

Conception graphique de Marie Bartholomew.

Édition publiée par Les éditions Scholastic,
175 Hillmount Road, Markham (Ontario) L6C 1Z7,
avec la permission de Kids Can Press Ltd.

5 4 3 2 1   Imprimé à Hong-Kong   02 03 04 05

Données de catalogage avant publication
de la Bibliothèque nationale du Canada

Hodge, Deborah
    Le saumon

(J'explore la faune)
Pour enfants de 5 à 10 ans.
Traduction de: Salmon.
Comprend un index.
ISBN 0-7791-1550-3

1. Saumons—Ouvrages pour la jeunesse.
I. Ogle, Nancy Gray II. Groupe Syntagme
III. Titre. IV. Collection.

QL638.S2H6314 2002   j597.5'6
C2001-902674-9

Sommaire

Le saumon

Le saumon est un excellent nageur. Son corps effilé et argenté glisse gracieusement dans l'eau.

Le saumon est un poisson. Il respire à l'aide de ses branchies et se déplace avec ses nageoires. Les poissons ont une colonne vertébrale, et leur corps est couvert d'écailles. Les bébés poissons proviennent des œufs pondus par leur mère.

Ces saumons de l'Atlantique nagent dans l'océan.

Le sais-tu?

Certains saumons
peuvent sauter
jusqu'à 3 mètres
hors de l'eau.
C'est plus haut
qu'un but
de soccer!

Les saumons sont très puissants.
Ils peuvent remonter des chutes
et nager contre de forts courants.
Ci-dessus, un saumon coho.

5

Les types de saumon

Il y a deux grands types de saumon : le saumon du Pacifique et le saumon de l'Atlantique. Le Pacifique compte plusieurs espèces : sockeye, kéta, rose, coho, quinnat, arc-en-ciel et masu. L'Atlantique ne compte qu'une seule espèce.

Le saumon est de couleur argent durant presque toute sa vie. Il change de couleur lorsqu'il est prêt à frayer, c'est-à-dire à pondre des œufs. Voici les diverses espèces de saumons, couleur argent ou couleur de frai. Leur poids moyen est aussi indiqué.

Saumon rose
de 1,5 à 2,5 kg

Saumon masu
de 1 à 4,5 kg

Saumon sockeye (ou rouge)
de 2 à 2,5 kg

Saumon coho
de 2,5 à 5,5 kg

Saumon arc-en-ciel
de 1,5 à 4 kg

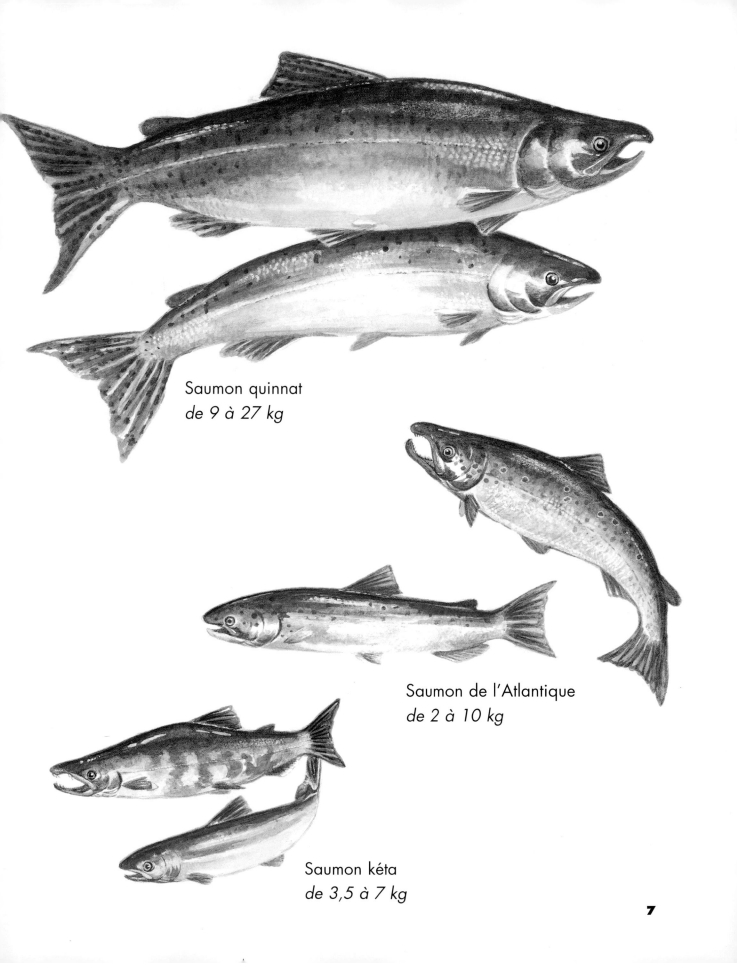

Saumon quinnat
de 9 à 27 kg

Saumon de l'Atlantique
de 2 à 10 kg

Saumon kéta
de 3,5 à 7 kg

7

L'habitat du saumon

Les saumons naissent dans les cours d'eau douce. Lorsqu'ils ont atteint un certain âge, ils nagent vers l'océan, où l'eau est salée. Là, ils deviennent adultes. Lorsqu'ils sont prêts à frayer, ils retournent au cours d'eau où ils sont nés, leur cours d'eau d'origine.

Peu importe où ils vivent, les saumons nagent dans des eaux fraîches et claires. L'eau fraîche contient l'oxygène que les saumons respirent. Elle permet aussi aux œufs d'éclore au bon moment. Si l'eau est trop chaude, les œufs éclosent trop tôt – avant qu'il y ait suffisamment de nourriture pour les bébés saumons.

L'habitat des saumons

Océan Arctique

Asie

Canada

Océan Pacifique

États-Unis

Europe

Océan Atlantique

Afrique

Saumon du Pacifique

Saumon de l'Atlantique

Les saumons vivent dans les régions nordiques, où l'eau est fraîche.

Le sais-tu?

Le saumon est l'un des rares poissons qui peuvent vivre aussi bien dans l'eau douce que dans l'eau salée.

Dans un cours d'eau où vivent des saumons, il y a du gravier et de l'eau courante. Les arbres qui le bordent font de l'ombre et permettent à l'eau de rester fraîche. Les bébés saumons se nourrissent d'insectes et de plantes qui flottent à la surface.

Les parties du corps

Le corps du saumon est conçu pour la nage. Voici un saumon rose.

Peau

La couleur du saumon lui permet de se cacher. Vu du dessus, son dos foncé se marie aux reflets sombres de l'eau. Vu d'en dessous, son ventre argenté rappelle la lumière qui miroite à la surface de l'eau.

Écailles

Les écailles qui recouvrent la peau protègent le saumon. Elles sont enduites d'une matière visqueuse qui lui permet de glisser dans l'eau.

Branchies

Le saumon respire à l'aide de branchies. L'eau pénètre par la bouche et ressort par les branchies, qui absorbent l'oxygène dans l'eau et le font circuler dans tout son corps.

Ligne latérale

Le saumon perçoit les mouvements à l'aide des minuscules pores de sa ligne latérale. C'est ainsi qu'il peut détecter la présence de nourriture ou d'ennemis.

Nageoires

Le saumon remue les nageoires de sa queue pour avancer. Il se sert de ses nageoires latérales pour s'arrêter, tourner et reculer. Ses autres nageoires lui permettent de rester en équilibre.

Os et muscles

Lorsqu'il nage, le saumon fait onduler sa colonne vertébrale. Il se déplace rapidement à l'aide des muscles puissants de sa queue.

Vessie gazeuse

Le saumon remplit sa vessie gazeuse en respirant de l'air. Lorsqu'elle est pleine, sa vessie lui permet de flotter.

Le cycle de vie du saumon

Tout au long de sa vie, le saumon se transforme et grossit. Il traverse une série de phases qu'on appelle le cycle de vie.

Voici le cycle de vie du saumon kéta. Tous les saumons traversent les phases suivantes; pour les comprendre, commence au numéro 1.

2. Alevins vésiculés

Les œufs éclosent pour laisser sortir des bébés saumons, qu'on appelle alevins vésiculés.

1. Œufs

Les saumons se forment dans des œufs déposés au fond d'un cours d'eau.

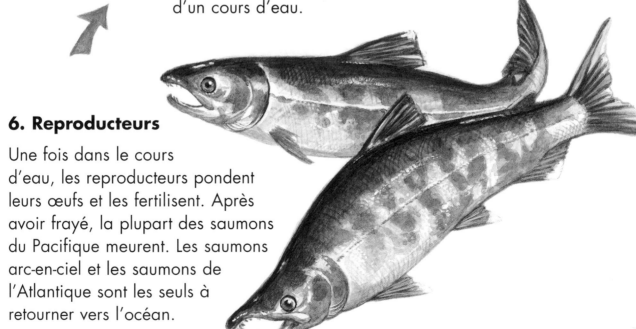

6. Reproducteurs

Une fois dans le cours d'eau, les reproducteurs pondent leurs œufs et les fertilisent. Après avoir frayé, la plupart des saumons du Pacifique meurent. Les saumons arc-en-ciel et les saumons de l'Atlantique sont les seuls à retourner vers l'océan.

3. Alevins

Lorsque les alevins vésiculés sont prêts à nager, ils deviennent des alevins. Ils ressemblent à de minuscules poissons.

Le cycle de vie du saumon de l'Atlantique a une phase supplémentaire, le tacon, qui se situe entre l'alevin et le saumoneau.

4. Saumoneaux

Quand les alevins sont argentés et prêts à nager dans l'océan, on les appelle des saumoneaux.

5. Adultes

Dans l'océan, les saumoneaux se nourrissent et deviennent des adultes. Lorsqu'ils sont prêts à frayer, ils retournent vers leur cours d'eau d'origine.

Le bébé saumon

Une mère saumon pond ses œufs dans un cours d'eau, habituellement à l'automne. Elle les enfouit dans un creux du gravier, qu'on appelle le nid de frai. Le gravier camoufle les œufs et les protège des oiseaux, des ratons laveurs et des autres poissons.

Les œufs éclosent à la fin de l'hiver ou au printemps. Le bébé saumon, ou alevin vésiculé, n'est alors pas plus long qu'une épingle. Un sac vitellin, qui pend sous son ventre, lui fournit la nourriture dont il a besoin. L'alevin vésiculé demeure dans le gravier jusqu'à ce que son sac vitellin ait disparu, soit environ trois mois.

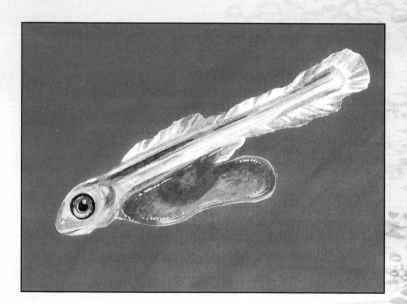

Le sac vitellin se rétrécit à mesure que l'alevin vésiculé grossit. Voici un gros plan d'un bébé saumon masu.

Le sais-tu?

Une maman saumon pond des centaines d'œufs. Mais les plus grosses espèces – le saumon quinnat et le saumon de l'Atlantique – peuvent pondre jusqu'à 8 000 œufs.

Les bébés coho grossissent à l'intérieur des œufs. On peut voir leurs petits yeux noirs au travers. Certains bébés saumons sont sortis de leurs œufs et se cachent dans l'ombre.

Le jeune saumon

Lorsqu'il est débarrassé de son sac vitellin, le bébé saumon devient un alevin. Il frétille vers la surface pour aspirer de l'air. Quand sa vessie gazeuse est pleine, le petit poisson peut nager et chasser en quête de nourriture. L'alevin mange de petits insectes et de minuscules plantes.

Les alevins kéta et roses nagent vers l'océan peu de temps après avoir quitté le nid de frai. D'autres espèces demeurent dans les lacs ou les ruisseaux pendan au moins un an. Lorsqu'un jeune saumon est prêt pour son voyage vers l'océan, sa peau devient argentée. C'est alors un saumoneau.

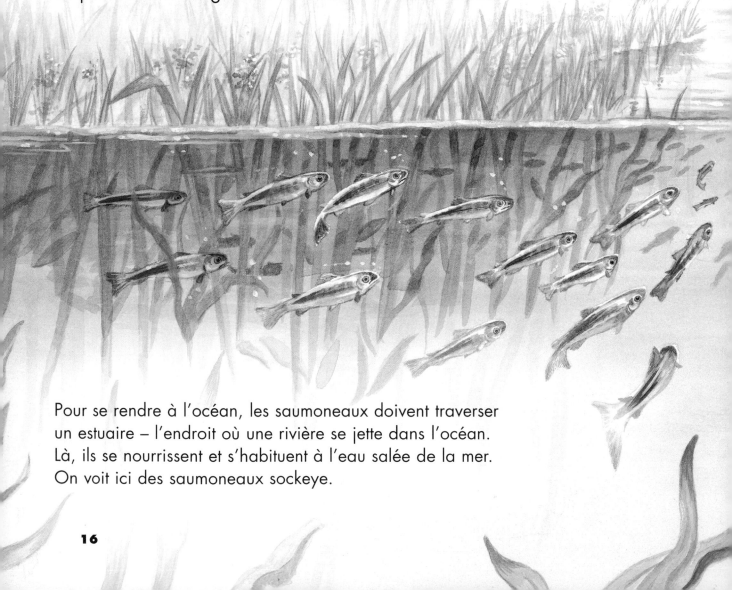

Pour se rendre à l'océan, les saumoneaux doivent traverser un estuaire – l'endroit où une rivière se jette dans l'océan. Là, ils se nourrissent et s'habituent à l'eau salée de la mer. On voit ici des saumoneaux sockeye.

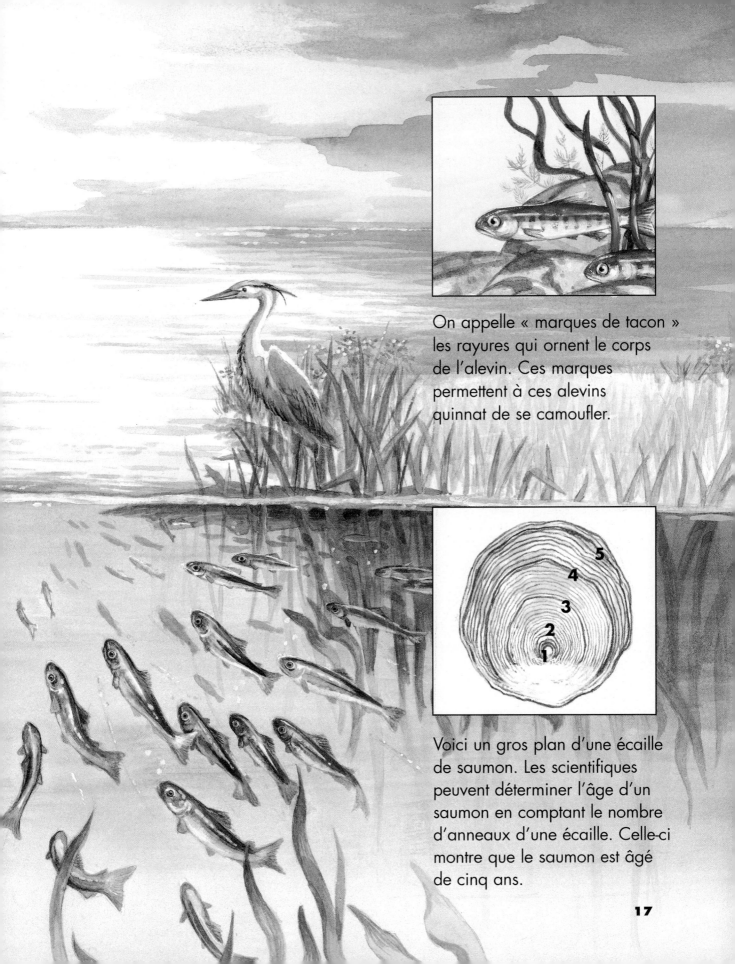

On appelle « marques de tacon »
les rayures qui ornent le corps
de l'alevin. Ces marques
permettent à ces alevins
quinnat de se camoufler.

Voici un gros plan d'une écaille
de saumon. Les scientifiques
peuvent déterminer l'âge d'un
saumon en comptant le nombre
d'anneaux d'une écaille. Celle-ci
montre que le saumon est âgé
de cinq ans.

Le saumon adulte

Le saumon devient adulte dans l'océan. La mer regorge de nourriture et lui procure l'espace dont il a besoin pour grossir. Le saumon demeure dans l'océan durant une période de un à huit ans, selon son espèce.

Dans l'océan, les saumons peuvent nager sur des milliers de kilomètres. Ils se rendent dans les régions nordiques où la nourriture abonde. Ils se nourrissent de crevettes, de calmars et de petits poissons comme le hareng. Ils mangent aussi du plancton – des plantes et animaux microscopiques qui flottent dans l'eau.

Les saumons se déplacent en groupes. C'est plus sûr que de nager seul. On voit ici un phoque chasser des saumons de l'Atlantique.

Le sais-tu?

Les saumons quinnat et les saumons de l'Atlantique passent presque tout leur temps à se nourrir dans l'océan. C'est pourquoi ce sont les espèces les plus grosses.

Certains saumons se nourrissent de krill (on en voit ici un gros plan). C'est à cause de sa couleur rose que la chair des saumons qui mangent du krill devient rouge.

Le saumon migrateur

Le saumon quitte l'océan lorsqu'il est prêt à frayer. Il retourne vers le cours d'eau où il est né. C'est ce qu'on appelle la migration. Le saumon se sert de son sens aiguisé de l'odorat pour retrouver son cours d'eau. Il se guide à l'odeur de la terre, des plantes et des insectes qui se trouvent dans le cours d'eau.

Des centaines de saumons migrateurs remontent les rivières en groupes durant ce qu'on appelle la montaison. Les saumons luttent contre le courant puissant. Ils sautent par-dessus des roches, des troncs d'arbres et même des chutes. Leur voyage est long et difficile, mais ils n'abandonnent jamais la partie.

Le sais-tu?

Lorsqu'il migre, le saumon ne se nourrit pas. Il survit grâce à la graisse et aux protéines qu'il a emmagasinées dans son corps.

Les saumons (comme ces saumons quinnat) peuvent migrer sur une distance pouvant atteindre 3 300 km pour se rendre à leur cours d'eau d'origine. Mais pendant leur voyage, certains se font dévorer par des grizzlis ou d'autres ennemis.

Le saumon géniteur

Lorsqu'il arrive au cours d'eau où il est né, le saumon est prêt à frayer. Son corps s'est transformé. Sa peau peut être rouge, verte, violette ou noire. Le mâle est armé de longues dents, et sa mâchoire supérieure est crochue. Certains mâles ont une bosse sur le dos. Ces transformations permettent au saumon de retracer une compagne de son espèce.

La mère saumon agite la queue pour creuser un nid de frai – un trou dans le gravier du ruisseau. Elle forme plusieurs petits nids à l'intérieur du nid de frai et pond jusqu'à mille œufs dans chacun d'eux. Puis elle les recouvre de gravier.

Ces saumons sockeye sont en train de frayer. À mesure que la mère pond les œufs, le père les fertilise avec une matière blanchâtre, la laitance. Ensuite, les œufs peuvent grossir pour donner naissance à des bébés saumons.

Le saumon mâle se bat à l'aide de ses dents acérées. Le mâle le plus fort fraie avec la femelle de son choix. On voit ici des saumons kéta.

Un saumon de l'Atlantique en train de creuser un nid.

Un nouveau cycle de vie

Après avoir frayé, les saumons sont épuisés. Leur corps est affaibli par leur long voyage.

Les parents surveillent leurs œufs pendant quelques jours. Puis, la plupart des saumons du Pacifique meurent. Mais les saumons arc-en-ciel et les saumons de l'Atlantique retournent vers l'océan. Ils reviennent frayer au même endroit les années suivantes.

Pendant ce temps, sous le gravier, les œufs grossissent. De nouveaux saumons en sortiront dans quelques mois.

Lorsque le corps du saumon se décompose, il fournit des nutriments qui favorisent la croissance de nouvelles plantes dans le cours d'eau. Les bébés saumons qui naîtront la saison suivante se nourriront alors de ces plantes.

Le sais-tu?

Un saumon de l'Atlantique peut frayer jusqu'à sept fois durant sa vie.

Pendant qu'un cycle de vie se termine, un autre débute.

Le saumon dans la chaîne alimentaire

Manger et être mangé, telle est la dure loi de la nature. Une créature sert de nourriture à une autre. C'est ce qu'on appelle la chaîne alimentaire. Le saumon fait partie de cette chaîne.

Les truites, les loutres, les anguilles, les ratons laveurs et les becs-scie (canards mangeurs de poissons) se nourrissent d'œufs de saumon et de bébés saumons. Les balbuzards pêcheurs, les huards et les hérons raffolent des saumoneaux. Dans l'océan, les saumons sont la proie des thons, des morues, des phoques, des requins et des baleines.

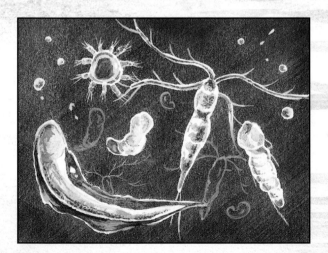

Dans l'océan, le plancton est un maillon important de la chaîne alimentaire (on en voit ici un gros plan). Les saumons grandissent et prennent des forces en mangeant du plancton.

Un saumon doit affronter de nombreux dangers. Sur 2 500 œufs, quelques-uns seulement se transformeront en adultes géniteurs.

Les aigles, les ours et d'autres animaux se dirigent vers les rivières de frai à l'automne. Ils se nourrissent de saumons morts ou mourants. Les animaux dépendent de cette riche nourriture pour rester en vie.

Le saumon et les humains

Le saumon a toujours été un aliment important pour les Nord-Américains. Trop de saumons ont été pêchés et leur population a diminué graduellement. Il existe maintenant des règlements très stricts sur le nombre de saumons qu'on peut pêcher.

Le saumon ne peut survivre que dans des eaux claires et fraîches où la nourriture abonde. Les produits chimiques toxiques qui se répandent dans l'eau peuvent contaminer la nourriture du saumon. Lorsqu'on coupe les arbres qui bordent les rivières, les cours d'eau se réchauffent. Les saumons tombent malades, ou leurs œufs éclosent trop vite.

Les saumons ont besoin des eaux claires et de beaucoup d'espace pour nager et se développer. Ces saumons sockeye sont en train de migrer vers leur cours d'eau d'origine.

Le sais-tu?

Les scientifiques calculent le nombre de saumons qui fraient afin de déterminer combien on peut en pêcher.

Certains saumons naissent dans des écloseries. Les bébés y sont nourris et protégés jusqu'à ce qu'ils soient suffisamment gros pour rejoindre l'océan.

Intéressant, n'est-ce pas?

Comme tous les poissons, le saumon n'a pas de paupières. Il dort les yeux ouverts.

Le saumon quinnat peut être aussi lourd qu'un gros chien : il peut peser jusqu'à 55 kg.

L'espèce de saumon la plus répandue est le saumon rose.

Le saumon masu vit seulement en Asie.

Le saumon kéta est celui qu'on retrouve dans le plus grand nombre de régions de l'Océan Pacifique.

Durant la période de frai, la femelle lutte pour obtenir le meilleur endroit où pondre ses œufs.

La lumière du soleil et de la lune guide le saumon vers l'océan.

La silhouette du saumon, qu'on voit sur ces deux pages, fait partie de l'espèce la plus petite. Observe les saumons des pages 6 et 7. Peux-tu deviner de quelle espèce il s'agit?

(Il s'agit d'un saumon rose grandeur nature. Les autres espèces sont beaucoup trop grosses pour être illustrées ici en grandeur naturel!)

Les mots nouveaux

Chaîne alimentaire : Phénomène de la nature dans lequel une espèce sert de nourriture à une autre, laquelle est dévorée par une troisième, et ainsi de suite.

Compagnon (compagne) : Le partenaire mâle (ou femelle) d'un couple de saumon.

Courant : Eau d'une rivière ou d'un océan qui circule rapidement dans une direction.

Cours d'eau d'origine : Cours d'eau où un saumon est né et où il retourne pour frayer.

Cycle de vie : Les diverses phases de l'évolution du saumon.

Estuaire : Endroit où une rivière se jette dans l'océan.

Frayer : Produire des œufs de saumon. La mère saumon pond les œufs, et le père les fertilise.

Migrer : Se déplacer d'un habitat à un autre, souvent durant les changements de saison.

Nid de frai : Creux dans le gravier d'un cours d'eau où le saumon pond ses œufs.

Index